REFLEXIONS
SUR
L'ALPHABET
ET
SUR LA LANGUE
DONT ON SE SERVOIT AUTREFOIS
A PALMYRE.

Par M. l'Abbé BARTHELEMY, de l'Académie Royale des Inscriptions & Belles-Lettres, Garde du Cabinet des Medailles du Roi.

Multa renafcentur quæ jam cecidere.

Horat. de Arte Poët.

A PARIS,

Chez H. L. GUERIN & L. F. DELATOUR,
rue S. Jacques, à S. Thomas d'Aquin.

M. DCC. LIV.

RÉFLEXIONS

SUR

L'ALPHABET

ET SUR LA LANGUE

DONT ON SE SERVOIT AUTREFOIS

A PALMYRE.

Entre la Méditerranée & l'Euphrate , on trouve un defert aride , au milieu duquel étoit autrefois une ville connue fous le nom de Tedmor ou de Palmyre , dont on rapporte l'origine à Salomon , & que les conquêtes d'Odénath & de Zénobie ont rendue célebre. Ses habitans que le commerce avoit enrichis , l'embellirent par des monumens qui égaloient en magnificence ceux de la Grece & de Rome. Les ruines en fub-*Les Ruines de Palmyre.* fiftent encore , & viennent d'être recueillies dans *Londres 1753.* un ouvrage dirigé par le favoir & le goût. Si dans ces beaux reftes échappés à la fureur des Romains, on admire en général, ce que la ville de Palmyre

A ij

a fait pour la gloire des Arts , pour celle des citoyens vertueux & pour la fienne, les Antiquaires & ceux qui cultivent les Langues Orientales y verront avec un plaifir nouveau, plufieurs Infcriptions Palmyréniennes copiées avec exactitude, & par là même très propres à nous procurer l'intelligence de l'Alphabet dont on fe fervoit autrefois à Palmyre, & de la Langue qu'on y parloit. Ce point de Littérature n'eft pas éclairci ; & comme fi dans l'ordre de nos connoiffances, toute vérité devoit être précédée d'une erreur, ceux qui jufqu'à préfent ont voulu nous mettre fur la voie de la découverte, n'ont fait que nous en écarter davantage. On en verra la preuve & les raifons dans les réflexions fuivantes.

Gruter, Edition de 1616, p. LXXXVI.

Vers le commencement du fiecle dernier, Gruter inféra dans fon recueil une Infcription Palmyréniene que l'on confervoit à Rome dans la maifon du Cardinal Carpegna. Elle accompagnoit fur le marbre un bas-relief qui repréfentoit deux Divinités étrangeres, & s'y trouvoit jointe avec une Infcription Grecque. Gruter préfuma que les caracteres en étoient Arabes, parce qu'il plaçoit la Ville de Palmyre en Arabie ; & Jofeph Scaliger fut contraint d'avouer qu'il ne les connoiffoit pas, lui cependant qui fe glorifioit de favoir affez de Langues pour pénétrer par terre jufqu'à la Chine fans le fecours d'aucun Interprete.

De Emendat. tempor. l. 5. pag. 427.

Quelque temps après cet aveu , qui coûta fans

doute à Scaliger, Samuel Petit donna de ce monument une explication qui dût lui coûter encore plus,
& qui satisfit encore moins. Je ne me sens pas le
courage de la traduire en François. La voici en Latin
telle qu'il l'a proposée lui-même dans une Lettre
écrite à M. de Peiresk: *Tremuit senectus, vacillavit* ^{Pet. Epist.}
planta pedis: sub volam utique Dæmonis lucis indi-
gena tuus mœstus fuit, splendere squallor ejus
(id est, ad ejus splendorem factum fuit) *ligatus*
est ipse, age, projice, domus in summo periculo
versata est, abundavit asser mansuetudinum irri-
gans petras sive solitudines, quemadmodum quod
Memphim ducit iter (afflictam Palmyram indigi-
tat Zenobiæ tempore, ejusque situm) *datum abundè*
est quidquid in universum desiderabat angustia.
Summe misericors est umbra tua, portio æterna
hemina ad libationem. « Hoc est, hæc lex dicta esto
» in perpetuum, è meis bonis in quotidianos liba-
» tionum usus, in istorum Deorum honorem, in-
« ferendam esse heminam seu mensuram quamdam
» vini, alteriusve liquoris. » Croira-t-on jamais qu'au
lieu de ce tissu d'énigmes que le hazard semble
avoir rapprochées, l'Inscription Palmyréniene,
en cela conforme à la Grecque qui lui correspond,
dit simplement que *dans le mois Schebat de l'an*
547 de l'Ere usitée à Palmyre, un citoyen de
cette Ville, avoit fait construire à ses frais, un
monument en l'honneur des Dieux Aglibolus &
Malacbelus pour sa conservation & pour celle de

ses enfans. Ce que je dois ajouter à l'égard de cette Inscription, c'est qu'on l'a publiée plusieurs fois, que toutes les copies different entr'elles, & que découragés par tant d'incertitudes, les Savans avoient en quelque façon renoncé au projet de les dissiper, lorsqu'un événement inattendu fit renaître leurs espérances, les engagea dans des recherches profondes, & produisit de nouvelles erreurs.

Monum. Pal-
myr. pag. 15.
Rhenferd.
Peric. Palm.

En 1691 des Négocians d'Alep, Anglois de Nation, ayant été visiter les ruines de Palmyre, y trouverent plusieurs Inscriptions tracées en caracteres inconnus. Ils en copierent quelques-unes à la hâte, & les envoyerent sur le champ en Angleterre. Cette découverte fut annoncée avec éclat; & comme la plûpart des Inscriptions Palmyréniennes se trouvoient jointes sur les marbres avec des Inscriptions Grecques, on jugea sans peine que les unes étoient la traduction des autres, & l'on se flatta que cette association procureroit la connoissance de l'ancienne Langue de Palmyre ou du moins celle de son Alphabet. Mais quel fruit pouvoit-on attendre de ces magnifiques promesses? on n'avoit envoyé qu'un petit nombre d'Inscriptions en caracteres Palmyréniens, toutes copiées avec si peu d'exactitude, qu'il n'en est presque aucune où il ne manque des mots entiers, & qu'il n'est presque point de mots où il ne manque des lettres radicales. Ce n'est pas tout. Il s'étoit répandu plusieurs copies de ces Inscri-

Philos. Tran-
sact. N°. 218.
pag. 129.

[7]

ptions, & les fautes s'y étoient tellement multi-
pliées, qu'on ne pouvoit avoir d'autre reſſource
pour fixer la leçon d'un mot, que la convenance
& l'intérêt du ſyſtême qu'on vouloit embraſſer.
Ces difficultés inſurmontables arrêterent Edouard
Bernard Profeſſeur d'Oxford, qui avoit d'abord
tenté de nous donner l'Alphabet Palmyrénien.
Quoique très-verſé dans la connoiſſance des Langues Orientales, il ſe contenta d'éclaircir les Inſcriptions Grecques, & à l'égard des autres, il
ajouta ces paroles qu'on peut regarder comme le
témoignage de l'inutilité de ſes efforts : *Palmy-* *Monum. Pal-*
myr. pag. 9.
renum vero (Alphabetum) *ſi quis dederit, erit*
mihi magnus Philologus.

    Le même Edouard Bernard adreſſant la parole *Epiſt. Bern.*
ad Hunt. Ibid.
à Robert Huntington, lui diſoit : « Vous avez
» fait le voyage de Palmyre dans le deſſein de nous
» procurer les anciennes Lettres des Syriens ; &
» ſans les Arabes, vous auriez pû nous dévoiler
» cette Littérature inconnue. Plût à Dieu, diſoit-
» il ailleurs, qu'Halifax nous eût apporté plus
» d'Inſcriptions en caractéres Syriaques ! »Abraham *Sell. acta Eru-*
dit. ſuppl. t. 3.
p. 96.
Sellerus a témoigné le même regret ; & Thomas
Smith qui a fait des notes ſur les Inſcriptions Grec- *Monum. Pal-*
myr.
ques trouvées à Palmyre, s'écrie dans la Préface de
ſon Ouvrage : « Quel malheur que les caracteres
» des Inſcriptions Palmyrenienes n'ayent pas été
» copiés avec plus d'exactitude, ils nous auroient
» fait connoître l'ancienne écriture des Syriens. »

Il faut obferver ici que tous les Savans ne conve-
noient pas que les Lettres Palmyrénienes fuffent
Syriaques. Scaliger les avoit regardées comme des
Lettres inconnues; Gruter penſoit qu'elles étoient
Arabes; le Cardinal Noris & Thomas Hyde les
confondoient avec les Phénicienes; mais ils dé-
claroient tous d'une commune voix, qu'il étoit im-
poffible de les lire.

Noris de E-
poch. Syro-M.
pag. 105.
Hyde Relig.
Veter. Perf.
p. 525.

Cependant, ni cet aveu, ni les raiſons qui
le juſtifioient, n'effrayerent point Jacques Rhenferdius. Ce Critique intrépide, ſans autre ſecours
qu'un petit nombre d'Inſcriptions mutilées, &
qu'un grand amas d'érudition orientale, entreprit
en 1704 de découvrir l'écriture Palmyréniene. Ce
ſeroit un ſpectacle amuſant, s'il ne convenoit pas
mieux de le regarder comme une leçon utile, de
voir les efforts inouis qu'a faits Rhenferdius pour
établir une correſpondance vague entre une Inſcription Palmyréniene & une Inſcription Grecque. Il court à perte d'haleine après un phantô-
me dont il n'approche jamais, & tous ſes pas mar-
qués par des chûtes, le conduiſent dans des défilés
impraticables, où il ne lui reſte plus que les reſ-
ſources du déſeſpoir. Tantôt c'eſt une lettre qu'il
faut ſuppléer ou retrancher, dont il faut changer
la forme ou la valeur; tantôt c'eſt un mot entier dont il faut tranſpoſer tous les élémens; d'autres fois, c'eſt une expreſſion inuſitée dans la Langue de Palmyre, & dont il cherche la ſignification

Pericul. Pal-
myr. in-4°.
1704.

dans

[9]

dans celle des Arabes, des Juifs, & même des Romains. En vain dans la copie défectueuse d'une Inscription Palmyréniene, une ligne entiére est réduite à un petit nombre de lettres qui ne sont séparées par aucun intervalle ; Rhenferdius recueille avec soin ces débris informes, & trouve le moyen d'en composer un mot Arabe. C'est par de pareilles opérations, qu'il parvient à construire un Alphabet. A peine l'a-t-il achevé, qu'il se présente une autre Inscription dont les lettres mal dessinées ne ressemblent point à celles de la précédente : aussi-tôt, nouvelles conjectures, nouveaux tours de force, nouvel Alphabet aussi incertain que le premier. Mais pourquoi nous engager dans ces détails ? Respectons dans les écarts de Rhenferdius, les motifs qui le dirigerent dans ses recherches ; & ajoutons pour sa justification, qu'il a proposé toutes ses idées avec une sorte de défiance, & qu'il a senti plusieurs fois qu'il s'exposoit au risque de ne pas convaincre son Lecteur. Cependant, comme son ouvrage pouvoit faire illusion par l'éclat sombre & imposant de l'érudition orientale, & que de plus l'Académie des Belles-Lettres avoit souvent été consultée sur les Inscriptions Palmyrénienes, elle chargea en 1706 M. l'Abbé Renaudot, d'examiner si elles avoient été transcrites avec soin, & si l'on pouvoit en tirer quelques lumieres. Cet Académicien, dans un Mémoire devenu public, prouve très-bien l'inutilité des ten-

Reg. de l'Acad. 19 Mars 1706.

Mem. de l'Acad. t. 2. p. 509.

B

tatives qu'on avoit faites jufqu'alors pour découvrir l'Alphabet Palmyrénien , & l'infuffifance des
moyens qu'on avoit employés. Quelque temps après,
l'Académie reçut de Rome une copie affez exacte
de l'Infcription que Gruter avoit publiée autrefois ; & M. Galland qui joignoit à la connoiffance
des monumens antiques, celle des Langues Orientales, fut chargé d'en rendre compte. Il penfoit
auparavant que cette Infcription devoit exprimer
la même chofe que l'Infcription Grecque dont elle
eft accompagnée. Mais après avoir étudié la nouvelle copie, il jugea que ces deux Infcriptions n'a-
voient aucun rapport entr'elles ; que la premiere
n'étoit ni en Hébreu ni en Syriaque , mais en une
Langue tout-à-fait inconnue.

Ce fut après de pareils jugemens, que l'Académie réfolut de détromper une bonne fois ceux à
qui on voudroit en impofer par de prétendus Alphabets de la Langue Palmyréniene , & déclara
qu'on pouvoit déformais fur fon témoignage, s'é-
pargner de femblable peines, à moins que dans
la fuite on ne découvrît des fecours plus abondans.

Nous jouiffons enfin de ces fecours fi long-temps
attendus , & nous les devons à la même nation qui
nous en avoit infpiré le defir : des Anglois (MM.
Dawkins, Robert Wood &c.) animés d'un zele
éclairé pour les Lettres & les Arts, ont vû en Orient
les lieux les plus remarquables de l'Antiquité , & en
ont rapporté treize Infcriptions Palmyrénienes ,

*Epif. Gall.
ad Spon. Mif-
cell. i.rud.
antiq. p. 3.*

*Reg. de l'A-
cad. 5 Juillet
1709.*

T. 1. p. 207.

dont la plûpart avoient échappé aux recherches faites dans le siecle dernier. Huit de ces Inscriptions étoient gravées à la suite d'autant d'Inscriptions Grecques ; & les Anglois ont observé eux-mêmes, que les unes paroissoient être la traduction des autres. Dans la premiere comparaison que j'en fis, je crus entrevoir assez de rapports pour me livrer à quelques espérances. Elles s'accrurent en peu de momens, au point que je vis sortir de mes opérations un Alphabet entier ; & j'eus l'honneur de le communiquer à l'Académie des Belles-Lettres le 12 Février de la présente année, deux jours après avoir eu connoissance de ces Inscriptions. Je rougirois de relever une pareille circonstance, si je n'étois persuadé qu'elle prouve uniquement la facilité de cette découverte. Le Lecteur verra bientôt que je n'emprunte pas le langage d'une fausse modestie, & que la moindre teinture des Langues Orientales suffisoit pour résoudre le problême des Lettres Palmyréniennes. Avant que d'en proposer l'Alphabet, qu'il me soit permis de faire quelques remarques.

1°. Pour découvrir l'Alphabet d'une nation dont la Langue est inconnue, ce n'est pas toujours une bonne regle, que de recourir à l'Alphabet d'une nation voisine ; & c'en est une très-mauvaise, que de mettre à contribution les Alphabets de plusieurs peuples différens. Cette maniere de procéder, ne produit que des assemblages infor-

mes & des réfultats malheureux. S'il étoit poffible
de trouver des monumens d'une Langue inconñue
qui repréfentaffent , à n'en pas douter , des mots
connus d'ailleurs; fi en plaçant chacun de ces mots
connus fous chaque mot inconnu qui lui feroit
correfpondant , il en réfultoit de part & d'autre le
même ordre & la même valeur : en un mot, fi
des Infcriptions tracées en une Langue inconnue,
combinées avec des Infcriptions en une Langue
connue, fourniffoient elles - mêmes un Alphabet
qui tendît à les éclaircir , ou du moins à les faire
lire d'une maniere conftante , je penfe que dans
ce cas il faudroit adopter cet Alphabet. Or , c'eft
l'avantage que nous procurent les Infcriptions
nouvellement apportées de Palmyre. J'ai déja dit
que huit de ces Infcriptions étoient accompagnées
d'autant d'Infcriptions Grecques; j'ai dit que les
unes paroiffoient être la traduction des autres , &
entre plufieurs preuves que je pourrois en donner ,
je m'arrête à celle-ci : Les Infcriptions Grecques fi-
niffant par des époques différentes , les Palmyrénienes correfpondantes fe terminent de même
par des lettres numérales qui obfervent entr'elles le
même ordre que les lettres numérales Grecques.

2°. Lorfqu'un mot, un nom d'homme, par
exemple, fe trouve exprimé deux ou trois fois dans
une même Infcription , il faut que ce foit avec les
mêmes lettres ; & s'il fe rencontre dans plufieurs
Infcriptions , on n'y doit trouver d'autre différence

que celle qui vient de la différence des mains.

3°. Dans les Alphabets des Langues Orientales, on voit des lettres qui ont des valeurs différentes, quoiqu'elles soient absolument, ou presqu'absolument figurées de la même maniere. Ainsi, dans l'Alphabet Hébreu le *Beth* & le *Caph*, le *Daleth* & le *Resch*, ne différent que par le plus ou le moins de courbure dans les traits qui forment ces Lettres. Dans l'Alphabet des Arabes & dans celui des Syriens, plusieurs Lettres ont la même forme, & ne sont distinguées que par les points-voyelles. Cette même variété doit se trouver, & se trouve effectivement, dans l'Alphabet que je vais proposer.

4°. Enfin, les Orientaux en exprimant dans leur Langue les mots Grecs ou Latins, suppriment plusieurs voyelles, & y suppléent par des points qu'ils ne marquent pas toujours dans les manuscrits, & qu'ils marquent encore moins dans les monumens.

Il est temps de produire l'Alphabet que j'ai construit. Il est gravé dans la premiere planche, colonne I. On voit au premier coup d'œil qu'il participe de l'Hébreu & du Syriaque ; & c'est ce qui me donne la liberté de mettre sur une seconde colonne l'Alphabet des Lettres Hébraïques plus connu que celui des Lettres Syriaques. Les noms de ces Lettres occupent la troisieme colonne. Dans la quatrieme, leur valeur est exprimée en caracteres Grecs. J'ai averti qu'on ne devoit pas s'attendre

Pl. I.

à trouver par-tout la même Lettre figurée abſolu-
ment de la même maniere. La différence des mains
jette dans les contours & dans les traits d'une Lettre des variétés preſqu'inſenſibles. Ce ſont des
nuances d'un même caractere. J'en ai recueilli
quelques-unes ; j'ai négligé les autres ou comme
inutiles, ou comme pouvant être attribuées au
Graveur. L'eſſentiel étoit de s'attacher à la forme
principale de chaque élément, & il ne me reſte
à cet égard, qu'une difficulté ; elle concerne le
Tzadé. Le caractere qui le repréſente n'eſt pas
clairement exprimé dans les inſcriptions rapportées par les Anglois, & j'ai été obligé de l'em-
prunter d'une inſcription qui eſt à Rome. Mais,
loin de m'appéſantir plus long-temps ſur ces mi-
nuties Grammaticales, je penſe que la meilleure
façon de juſtifier mon Alphabet, c'eſt d'en faire
tout de ſuite l'application.

PL. II. N°.
1. & 2. Qu'on jette les yeux ſur la ſeconde planche, on y
verra ſous le N°. 1. une inſcription Grecque & ſous
le N°. 2. une inſcription Palmyréniene correſpon-
dante (*a*). La Grecque commençoit par ce mot
ΣΕΠΤΙΜΙΟΝ & la Palmyréniene par un mot qu'il faut
analyſer. La premiere Lettre eſt un *Samech*, la ſeconde un *Pé*, la troiſieme un *Teth*, la quatrieme un
Mem, la cinquieme un *Iod*, la ſixieme un *Vau*,
c'eſt-à-dire un *O* ou un *U*, & la ſeptieme un *Sa-*

(*a*) L'Inſcription Grecque eſt la XVI. dans le Recueil des Anglois, pag. 27.
& la Palmyréniene eſt la VIII. dans ce même Recueil, page 29.

mech. Ces Lettres réunies & jointes aux points voyelles dont elles font fufceptibles, forment le mot de ΣΕΠΤΙΜΙΟΣ. Je le fuppofe du moins pour le préfent, & l'on en verra bien-tôt la preuve.

Le fecond mot de l'infcription Grecque eft ΟΥΟΡΩΔΗΝ. Le mot qui lui répond dans le Palmy-rénien, doit être, & fuivant mon Alphabet eft effectivement, ΟΡΟΔ, dont les Grecs ont fait ΟΥΟΡΩΔΗΣ. La premiere eft un *Vau* ; il a déja paru dans le mot précédent ; la feconde eft un *Refch*, on s'en convaincra dans la fuite de cette analyfe ; la troifieme eft encore un *Vau*, & la quatrieme un *Daleth* : cette derniere eft abfolu-ment femblable à la feconde ; mais la Langue de Palmyre étoit la Syriaque, & dans cette Langue le *Daleth* & le *Refch* ne différent que par les points voyelles qu'on fupprimoit dans les monumens.

Les mots qui fuivent dans l'infcription Grecque, font ΤΟΝ ΚΡΑΤΙΣΤΟΝ ΕΠΙΤΡΟΠΟΝ ; & ce n'eft pas fans étonnement que j'ai vû les mêmes mots, à l'exception de l'article, dans l'infcription Palmy-réniene. En effet la premiere eft un *Koph* ; on a vû les autres dans les mots précédens, & je leur affigne ici la même valeur. Ces Lettres font un *Refch*, un *Teth*, un *Samech*, un *Teth* & un *Sa-mech*, qui, jointes au *Koph*, forment le mot ΚΡΑ-ΤΙΣΤΟΣ. Le mot fuivant dans l'infcription Palmyré-niene eft ΕΠΙΤΡΟΠΟ, quoiqu'il commence & qu'il finiffe par un *Aleph*. Mais les Syriens & d'autres peuples Orientaux donnent souvent à cette Lettre le son des autres voyelles ; & ce qui est plus décisif, c'est que les Syriens d'aujourd'hui conservent encore le mot ΕΠΙΤΡΟΠΟ dans leur langue , & l'écrivent quelquefois avec des caracteres semblables à ceux que l'on voit ici , c'est-à-dire, avec un *Aleph*, un *Pé* , un *Teth* , un *Resch* , un *Pé* & un *Aleph*. Au reste , les deux mots que nous venons d'analyser , se trouvant également dans l'inscription Grecque & dans la Palmyréniene , justifient la leçon des mots dont ils sont précédés , & donnent la juste valeur des caracteres qui les composent. Mais suivons notre examen.

Il y a dans le Grec ΣΕΒΑΣΤΟΥ ΔΟΥΚΗΝΑΡΙΟΝ ; & dans le Palmyrénien, je lis en suivant mon Alphabet, ΔΟΥΚΕΝΑΡΟ : les lettres dont ce mot est formé , ont déja paru , à l'exception du *Nun* , suffisamment connu par la place qu'il occupe.

On trouve ensuite dans le Grec ces deux mots ΚΑΙ ΑΡΓΑΠΕΤΗΝ,(*b*) & dans le Palmyrénien ΑΡΓΑΒΕΤΟ précédé par un Vau qui répond au ΚΑΙ. Dans ce mot le *Beth* & le *Ghimel* paroissent pour la premiere fois ; mais leur valeur est fixée par d'autres Inscriptions où ils se rencontrent souvent. A ce mot succede , dans le Palmyrénien , le mot ΑΚΙΜ ,

---

(*b*) Ce mot, qui ne paroît être ni Grec ni Syriaque , pourroit être Persan d'origine , & dans ce cas il auroit bien du rapport avec celui d'Arzabadès , qui chez les Persans désignoit une dignité. Voyez les Actes des Martyrs de l'Orient de M. *Assemani* , pag. 25. & 40.

qui ,

qui, en Syriaque, signifie *posuit, constituit*. Il faut observer que ces Inscriptions Palmyrénienes, sont des monumens élevés en l'honneur de quelques personnes de distinction.

Après le mot ΑΡΓΑΠΕΤΗΝ, on voit dans le Grec le nom de celui qui avoit consacré le monument en question. C'étoit *Julius Aurelius Septimius* ; les mêmes noms se trouvent de même dans l'Inscription Palmyréniene, à la suite du mot ΑΚΙΜ. Celui de ΙΟΥΛΙΣ ou ΙΟΥΛΙΟΣ est à la fin de la seconde ligne; & celui de ΑΥΡΗΛΙΣ, c'est-à-dire, ΑΥΡΗΛΙΟΣ, commence la troisieme ligne. Tous les deux nous donnent la forme du *Lamed* que nous ne connoissions pas encore. Le mot *Septimius*, qui les suit, est écrit de la même maniere qu'au commencement de l'Inscription ; singularité qu'il seroit impossible d'attribuer au hazard. Après le nom de *Septimius*, on voit dans le Grec son surnom & sa qualité ΙΑΔΗΣ ΙΠΠΙΚΟΣ : & dans le Palmyrénien: ΙΑΔΟ ΕΠΙΚΟΣ. Les autres Inscriptions me donnent la valeur de la premiere Lettre de ce dernier mot. L'Inscription Palmyréniene finit ici; soit qu'elle ait été mutilée en cet endroit, soit qu'originairement on ait jugé à propos de l'abréger.

Il me semble qu'entre les deux Inscriptions que je viens de comparer, regne la plus parfaite correspondance, & que l'Alphabet que je propose, suffit pour lire sans peine, tous les mots de la Palmyréniene. Mais, comme dans ces sortes de ma-

C

tieres , on ne fauroit accumuler trop de preuves , je paffe à l'examen d'une autre Infcription Grecque tout à la fois & Palmyréniene , & abfolument femblable à la précédente , fi l'on en excepte quelques légeres différences qui fe trouveront en même temps dans le Grec & dans le Palmyrénien.

Pl. II. n°. 3. & 4.

Voyez la planche II. N°. 3 & 4. (c)

On lit dans cette Infcription Grecque , ainfi que dans la précédente , le nom de *Septimius Horodès* pour qui l'on avoit élevé le monument ; & celui d'un *Julius Aurelius* qui l'avoit fait conftruire. Mais , après le mot ΑΥΡΗΛΙΟΣ , on voit un furnom qui n'étoit pas dans l'autre , c'eft celui de ΣΑΛΜΗΣ. Or , fi l'on jette les yeux fur la troifieme ligne de l'Infcription Palmyréniene , on trouvera après le premier mot , c'eft-à-dire , après le nom d'*Aurelius* , celui de ΣΕΛΟΜΟ ou ΣΑΛΜΟ. En effet , j'ai des preuves certaines que la premiere Lettre eft un *Schin* , la feconde un *Lamed* , la troifieme un *Mem* & la quatrieme un *Aleph*. Après ce mot , on lit dans le Grec ΚΑΣΣΙΑΝΟΥ , ce qui défigne que ce *Julius Aurelius Salmès* étoit fils de *Caffianus*. Les Syriens ont dû exprimer cette affiliation par le mot ΒΑΡ qui fignifie fils ; & juftement on lit ici : ΒΑΡ ΚΑΣΙΑΝΟ. Venoit enfuite dans le Grec le nom du pere de *Caffianus* ; mais , on n'en voit que l'ar-

---

(c) L'Infcription Grecque eft la XVII. dans le Recueil des Anglois , page 27. & la Palmyréniene eft la IX. dans ce même Recueil , page 29.

[19]

ticle & la terminaiſon ΤΟΥ......ΕΝΑΙΟΥ (*d*), &
dans le Palmyrénien on trouve un *Beth* & un *Reſch*
joints enſemble, qui ſignifient encore ʙᴀʀ, *filius*.
Le reſte de l'Inſcription ne ſubſiſte plus.

Lorſque des obſervations nouvelles, loin de dé-
truire ou de modifier les principes qu'on a établis,
ne ſervent qu'à les confirmer de plus en plus; lorſqu'on voit la lumiere croître par degrés, & diſſi-
per inſenſiblement les obſcurités & les incertitudes, on peut ſe flater d'être dans la voie de la vérité. Je ne faiſois dans les premiers eſſais que des
pas chancelans; ſecrétement prévenu contre les recherches de ce genre, je me défiois des apparen-
ces, & je craignois à tout moment qu'en appli-
quant mon principe aux diverſes Inſcriptions Palmyrénienes, je ne fuſſe obligé d'admettre des ex-
ceptions capables de me le faire abandonner. Mais
j'avoue que le plus ſevere examen m'a raſſuré contre une pareille crainte. Partout où j'ai vu dans
les Inſcriptions Grecques des noms propres, je
les ai trouvés dans les Palmyrénienes, exprimés
avec les caracteres que mon Alphabet m'auroit
fournis. Tels ſont les noms Romains de Julius, Aurelius, Septimius, qui ſe rencontrent pluſieurs fois
dans ces monuments. Tels ſont les noms Orientaux
de Horodès, Odénath, Zabdila, &c. qu'on y décou-
vre aiſément, lorſqu'on fait attention à la maniere

(*d*) Les Anglois avoient lû en 1691, ΤΟΥ ΜΕΛΕΝΑΙΟΥ.

dont les Syriens ont dû les écrire. Il y a plus encore. Par tout où j'ai vu dans les Inscriptions Grecques des mots Grecs ; je les ai trouvés traduits en Syriaque dans les Palmyrénienes. Je pourrois en citer quantité d'exemples ; mais ce détail aussi inutile qu'ennuyeux, me meneroit trop loin, & je me borne à celui-ci. Plusieurs des Inscriptions Grecques offrent des époques précédées par le mot ΕΤΟΥΣ qui désigne une année ; & précisément dans les Palmyrénienes on voit les mêmes époques précédées d'un *Schin*, d'un *Nun* & d'un *Thau* qui forment le mot *Schenath*, année.

Il me feroit aisé d'examiner suivant les mêmes principes, un plus grand nombre d'Inscriptions Palmyrénienes ; mais je juge du dégoût qu'éprouveroit le lecteur par celui que j'ai ressenti moi-même dans l'analyse précédente ; il est en état de la pousser plus loin & de comparer mon Alphabet, non-seulement avec celui de Rhenferdius dont j'ai déja parlé ; mais encore avec celui que Godefroi Henselius a fait graver dans une carte *Synopsis uni-* Polyglotte des quatre parties du monde, sans nous *verfæ Philolo-* indiquer la source d'où il l'a tiré. C'est le même, *giæ Norimber-* à quelques transpositions près, qu'Abraham de Bal-*giæ. 1741.* mès avoit inferé dans sa Grammaire Hébraïque : »Voici, dit ce Rabbin, l'écriture en usage au-delà »du fleuve (de l'Euphrate,) telle que je l'ai trou-»vée dans un livre très-ancien.» Mais de ce que l'usage de cette écriture étoit établi au-delà de l'Euphrate , s'enfuit-il néceffairement qu'il le fût en deçà de ce fleuve ? L'objection fe préfentoit d'elle-même ; l'Auteur ne fe l'eft pas faite : il conftruifoit une carte qui devoit contenir les Alphabets de toutes les Nations ; il falloit que le Palmyrénien y trouvât fa place , & celui qu'il a préféré , en valoit bien un autre.

On ne flotera plus au milieu de ces incertitudes. Nous connoiffons l'Alphabet Palmyrénien , & nous favons qu'il eft compofé de vingt-deux élémens , ainfi que l'avoit obfervé Saint Epiphanes dans fon traité contre les Héréfies. Le même Auteur paroît perfuadé que la Langue de Palmyre ne différoit pas du Syriaque ; & Réland qui a connu ce paffage , en rapporte un autre de Théodoret, où il eft dit que cette Langue étoit en ufage aux environs de l'Euphrate. Ces témoignages réunis font confirmés par les Infcriptions que nous avons entre les mains, & qui font toutes en Syriaque ou Chaldéen.

Epiph. adv. Har. L. 2.1.2. p. 629. edit. Petav.

Rel. Pal. p. 526.

Theod. Quæft. 19. ad l. Jud.

Il ne faut pas s'attendre qu'elles répandent un grand jour fur l'hiftoire de Palmyre. Elles ne nous ont tranfmis que des faits particuliers & dénués de circonftances. Mais ces faits font intéreffans ; c'eft le récit abrégé des honneurs qu'une nation puiffante & guerriere accordoit à ceux qui favorifoient fon commerce, c'eft l'efquiffe légere de la forme qu'elle avoit donnée à fon gouvernement , c'eft en un mot tout ce qui nous refte de l'efprit intérieur de Palmyre. Un petit nombre d'Auteurs an-

ciens ont raconté ſes victoires ſur les Romains &
ſur les Perſes, ſes conquêtes dans l'Aſie & dans
l'Egypte, tableaux magnifiques, mais ſanglans, &
qui, retracés mille fois dans les annales de tous les
peuples, n'excitent plus dans nos ames qu'une
ſurpriſe mêlée de douleur. Il ſeroit à ſouhaiter
qu'au lieu de ces images effrayantes, l'Hiſtoire eût
mis ſous nos yeux les moyens par leſquels la ville
de Palmyre s'étoit élevée à ce haut degré de puiſ-
ſance, les routes qu'elle avoit ouvertes au commerce pour attirer dans ſon ſein les tréſors de l'Orient
& de l'Occident, les loix qu'elle avoit adoptées
pour aſſurer la tranquilité des citoyens, les ré-
compenſes que dans les jours de ſa gloire, elle di-
ſtribuoit aux arts & aux talens, ignorés ou proſ-
crits partout ailleurs. Raſſemblons avec ſoin les
monumens qui nous laiſſent entrevoir des objets ſi
dignes de notre admiration ; mais avant que de les
conſidérer dans le rapport qu'ils ont avec les mœurs,
il faut que la critique les dépouille & les analyſe.
Eclairées par ſon flambeau, les Inſcriptions Palmyrénienes ſeront précieuſes aux Savans. C'eſt par
leur moyen qu'ils éclairciront les Inſcriptions Grecques correſpondantes, & qu'ils dévoileront l'étymologie & la vraie façon de lire pluſieurs noms
Orientaux. Qu'il me ſoit permis d'en citer un ou
deux exemples. Une Inſcription Grecque déja
publiée, offroit le mot ΔΙΣΜΑΛΛΟΤ après le nom
de Zabdila. Guill. Baxter avoit ſoupçonné qu'il

Philoſ. Tran-
ſact. N°. 218.
1695. p. 170.

fignifioit fimplement que Zabdila étoit fils & pe-
tit-fils de Malcus. Bernard & Smith n'ayant aucu-
ne preuve qu'une telle affiliation pût s'exprimer en
Grec d'une façon fi finguliere , ont fait du mot
ΔΙΣΜΑΛΚΟΥ un nom d'homme, & en ont recher-
ché l'origine dans la Langue Arabe. Ils fe feroient
épargné cette peine , s'ils avoient pû confulter le
Palmyrénien. On y lit que Zabdila étoit fils de
Malcus, fils de Malcus. Ainfi la conjecture de
Baxter fe tourne en certitude. Halley avoit penfé
que le Dieu Iaribolus mentionné dans une des *Ibid. p. 171;*
Infcriptions Grecques de Palmyre , étoit le Dieu
Lunus, croyant reconnoître dans ce nom , le mot
dont plufieurs peuples Orientaux fe fervent pour
défigner la Lune. Smith avoue que l'étymologie *Monum. Pal-*
eft ingénieufe , & néanmoins lui en fubftitue deux *myr. pag. 53.*
autres dont il n'eft pas fatisfait. Tout l'avantage eft
ici du côté de M. Halley , & le nom d'Iaribolus , dans le Palmyrénien , fe rapporte clairement au Dieu Lunus. J'aurois pu citer des méprifes
bien plus confidérables que l'on a faites en expli-
quant les Infcriptions Grecques de Palmyre ; mais
dans la néceffité où je me fuis trouvé de relever des
erreurs , j'ai préféré celles qui me donnoient occafion de juftifier des conjectures heureufes. Ceux
qui nous ont précédés , ont des droits légitimes
fur les découvertes qu'ils ont preffenties, & que
des fecours plus abondans , n'ont fait que confirmer enfuite. Il me femble qu'on trouve une fe-

cfette fatisfaction à leur rendre cette juftice , &
qu'il faudroit avoir le bon efprit de s'en faire un
devoir, quand on n'eft pas affez heureufement
né pour s'en faire un plaifir. Je reviens aux Infcriptions Palmyrénienes. La forme des Lettres ,
la maniere dont les époques font marquées & la
nature de l'Ere qu'on fuivoit à Palmyre , font autant de points de critique que je me propofe d'é-
claircir ; mais ces difcuffions appartenant de droit
à la favante Compagnie qui m'a fait l'honneur de
m'affocier à fes travaux , je paffe à l'examen de quelques Infcriptions Palmyrénienes qui ne font pas
dans le Recueil des Voyageurs Anglois.

J'ai donné au commencement de ce mémoire une
traduction libre de celle que Gruter a publiée le premier , & que perfonne jufqu'ici n'avoit expliquée.
L'écriture en eft la même que celle des autres Infcriptions , fi l'on en excepte quelques Lettres qui
préfentent des différences. Les Savans familiarifés
avec les Langues Orientales feront moins furpris
de cette fingularité , qu'ils le feroient , fi j'entre-
prenois de la juftifier par des exemples. Mais comme elle pourroit , au premier afpect , arrêter ceux
qui voudront appliquer l'Alphabet des Lettres Palmyrénienes à l'Infcription dont il s'agit , j'ai tâ-
ché de leur applanir les voies. En confrontant les
diverfes copies que nous avons de ce monument ,
il en a réfulté une copie plus exacte que les autres ,
& qui m'a paru laiffer très-peu de chofe à défirer.

J'aurois

[25]

J'aurois héſité à la produire, ſi le ſuffrage de M.
de Guignes, de l'Académie des Belles-Lettres, & de
M. Bernard, Interpréte à la Bibliotheque du Roi,
à qui je l'ai communiquée, ne m'avoit raſſuré. On
trouvera dans la troiſieme Planche N°. 1. la forme & Pl. III. n°. 1.
la valeur des lettres que cette Inſcription contient, Ibid. N°. 2.
& ſous le N°. 2. la même Inſcription en caracteres
Hébreux. Les petites lignes tracées au-deſſus de
quelques lettres & de quelques mots, déſignent les
mots & les lettres qui m'ont laiſſé des doutes. Les
mots mis en parentheſe préſentent des leçons également
probables. Les Savans de Rome qui ſont à
portée de conſulter l'original, verront ſi je m'en
ſuis beaucoup écarté.

J'ai fait le même travail ſur une autre Inſcription
Palmyréniene que Spon a publiée d'après un mar- Miſcell. erud. Ant. p. 3.
bre qui de ſon temps exiſtoit à Rome. Hadrien Re- Rel. Palæſt. p. 526.
land en a donné une ſeconde copie, & le hazard
m'en a procuré une troiſieme plus fidele que les
deux précédentes. En les combinant enſemble,
j'en ai formé une quatrieme que j'ai fait graver en
caracteres Hébreux ſous le N°. 3. de la troiſieme Pl. III. n°. 3.
Planche. Il ſuit de cette Inſcription comparée avec
une Inſcription Latine qui lui correſpond ſur le
marbre, que les Palmyréniens donnoient au So-
leil le nom de Malacbelus. Spon avoit penſé qu'ils Miſcell. erud. Ant. p. 2.
nommoient ainſi le Dieu Lunus. Cette remarque
m'eſt échappée. Je ne me ſuis pas propoſé d'éclaircir les Inſcriptions Palmyrénienes. Il s'agit pour

D

le préſent de s'aſſurer de la vraie façon de les lire ;
& peut-être penſera-t-on qu'après la découverte de
l'Alphabet, on ne devroit avoir à cet égard aucune difficulté. Ce préjugé ſeroit ſi naturel, que je
dois m'arrêter un moment à le combattre. Il n'en
eſt pas des Langues Orientales comme de celles de
l'Occident. Ici la leçon d'un mot eſt preſque toujours déterminée par la nature des élémens qui
le compoſent. Là il faut à tout moment recourir
aux mots qui précédent ou qui ſuivent. Par l'ab-
ſence des points voyelles ſur les monumens, on
eſt autoriſé à donner à chaque mot des ſignifica-
tions différentes, & faute de marques propres à
ſéparer les mots entr'eux, on peut leur diſtribuer
à chacun en particulier plus ou moins de lettres ;
delà une foule de combinaiſons preſque toujours in-
fructueuſes. Mais ſi pluſieurs lettres ſe reſſemblent
entr'elles ; ſi les monumens ont été dégradés, ou
enfin ſi, au lieu des originaux, on n'a que des
copies dont la ſcrupuleuſe exactitude n'eſt pas
démontrée, c'eſt alors que les difficultés ſe mul-
tiplient à l'excès ; on eſt en droit à tout moment
de ſubſtituer une lettre à une autre ; & comme
le changement d'une ſeule lettre produit une
nouvelle expreſſion, l'on roule dans un cercle de
conjectures, & l'on a la plus funeſte liberté qui
ait jamais été accordée aux hommes, celle d'avoir
des doutes, ſans pouvoir les fixer. Il n'y a point de
patience qui pût tenir contre une pareille épreuve,

si l'on n'étoit encouragé par des traits de lumiere qui sortent de temps en temps de ces opérations ténébreuses. Je ne crains pas d'avancer qu'en fait de Langues Orientales, il est plus aisé de découvrir un Alphabet que de l'appliquer avec succès à un petit nombre de monumens qu'on n'est pas à portée de voir par soi-même.

Il seroit à souhaiter qu'on pût examiner de près les Inscriptions gravées sur les rochers du mont Sinaï, & rapportées dans le recueil des Voyages de Pococke. Plusieurs semblent être en caracteres Palmyréniens. Mais peut-on, sur des copies aussi défectueuses que les siennes, hazarder toute autre chose que des soupçons ?

Je serai plus hardi à l'égard des deux Inscriptions suivantes. A deux ou trois lieues des fameuses ruines de Persepolis, est un lieu nommé Naxi-Rustan, où parmi beaucoup d'autres ruines on voit deux figures de Cavaliers taillées dans le roc. Elles ont donné lieu à différentes traditions reçûes dans le pays ; la plus générale, c'est-à-dire, celle qui tient le plus du merveilleux, porte que l'une de ces figures représente Alexandre, & l'autre un ancien Héros Persan qui, dit-on, avoit 40 coudées de haut, & a vécu 113 années. Sur le poitrail de chaque cheval, d'autres disent sur la robe de chaque Cavalier, est tracée une Inscription Grecque avec une Inscription en caracteres inconnus. L'Artiste ancien qui les a gravées, peu fa-

Poc. a descrip. of the east tom. 1. p. 148.

Philos. Transf. n°. 201. p. 776.

Voyages de Corn. le Bruyn tom. 1 v. pag. 361.

D ij

miliarifé avec la Langue Grecque ; a fait plufieurs fautes dans un petit nombre de lignes ; & c'eft en ufant de la liberté que ces méprifes lui donnoient, que M. Hyde a penfé que les deux Infcriptions étoient en l'honneur d'Alexandre. Il faudroit donc fuppofer qu'elles font bien poftérieures au regne de ce Prince. Car il n'eft pas vraifemblable que de fon tems les Artiftes Grecs fuffent affez ignorans pour ne favoir pas écrire des mots de leur Langue, ni qu'on lui eût donné les titres de Dieu & de Roi des Rois, qu'il n'a jamais pris fur fes monumens. S'il falloit déterminer l'âge de ceux que j'examine , je ferois les remarques fuivantes.

La Langue Grecque introduite par les conquêtes d'Alexandre dans les provinces de la Haute Afie , fuivit le fort de l'Empire des Grecs. Elle dégénéra infenfiblement ; & par des pertes fucceffives , elle en vint au point d'être prefque méconnoiffable. L'hiftoire de fes révolutions eft tracée fur les Médailles des Rois Parthes. Les unes offrent des Légendes Grecques dont les caracteres font nets , réguliers & bien efpacés ; fur les autres , les mots font altérés & tronqués , les lettres changent de forme ou de valeur. Il en eft enfin qui ne préfentent plus qu'un affemblage bizarre de lettres Grecques qui fe refufent à toutes fortes de combinaifons. Ces différences font frappantes ; & c'eft en ne les perdant pas de vûe , qu'on parviendra fans doute à donner à ces Médailles deftituées d'époques, le meilleur arrangement poffible. Suivant ce principe , les Infcriptions Grecques de Naxi-Ruftan doivent fe rapporter au temps des premiers Empereurs Romains , & peut-être même à des fiecles moins éloignés encore. Il eft bien plus difficile d'en fixer l'objet. Oferois - je pourtant dans un Mémoire où je me fuis interdit toutes conjectures, en hazarder quelques-unes ? 1°. On remarque dans les Infcriptions les mêmes fautes de Copiftes qu'on voit fur les Médailles des Rois Parthes. 2°. On trouve fur les unes & fur les autres les titres de *Dieu* & de *Roi des Rois*, donnés à des Souverains. 3°.Sur une de ces Infcriptions, il ne refte du nom de Prince que ces lettres ΑΡΖΑ. . . dont Thomas Hyde a fait ΑΛΕΞΑΝΔΡΟΥ ; mais ne feroit-ce pas le commencement du mot ΑΡΖΑΚΟΥ , & par cette raifon, ainfi que par les deux précédentes , ne pourroit - on pas attribuer les Infcriptions à des Rois Parthes ? M'oppofera-t-on que, fuivant Strabon, du temps de ces Princes, la Perfe avoit des Rois particuliers ? je répondrai que Strabon lui-même avoue que ces Rois Perfes dépendoient des Parthes ; & qui fait s'ils étoient autre chofe que des Satrapes ou des Gouverneurs de province à qui l'on avoit laiffé le titre de Roi , moins brillant parmi les Orientaux que parmi les Occidentaux ? Si cette réponfe ne fatisfait pas , j'irai plus loin , & j'ajouterai que les Infcriptions ont été faites pour des Rois de la Dynaftie des Saffa-

Strab. l. 15.
p. 728 & 736.

D iij

nides. On fait que ces Princes avoient adopté ces titres faftueux qui rendoient les Rois Parthes refpectables à leurs Sujets, & que plufieurs d'entr'eux ont porté le nom d'Artaxerxès que l'ouvrier peut avoir mal figuré dans cette occafion. J'attaque des idées affez généralement reçûes. On eft dans l'habitude de rapporter à un même temps les monumens de Perfepolis & de Naxi-Ruftan. Mais outre que des perfonnes de goût croyent reconnoître dans le travail les caracteres de différens fiecles, Corneille le Bruyn qui les avoit examinés avec attention, avoue qu'il s'y trouve des figures habillées à la Romaine, ou coëffées comme les Rois Parthes ; & Chardin prétend que les Infcriptions Grecques font du bas Empire.

J'ai dit que ces Infcriptions étoient jointes à d'autres Infcriptions en caracteres inconnus. Hyde qui les a comparés avec ceux des autres Langues Orientales, a trouvé qu'ils n'avoient un rapport fenfible qu'avec les Palmyréniens ; & fon opinion eft confirmée par un texte précis de S. Epiphanes : *Plufieurs Perfes*, dit-il, *employent les Lettres & la Langue dont on fe fert à Palmyre.* Cette efpece de préférence que les Perfes donnoient fouvent au Syriaque, les avoient engagés à interdire aux Grecs foumis à leur Empire l'ufage de toute autre Langue. Mais il paroît que cette défenfe n'a jamais été généralement obfervée, ou que du moins elle eft poftérieure au temps que j'ai affigné aux In-

Corn. Le Bruyn tom. IV p. 340 & 363.

Chard. Voyag. t. IX. pag. 111.

Adv. Hær. l. 2. t. 2. p. 629.

Mofes Chorenenf. l. 3. p. 300.

ſcriptions de Naxi-Ruſtan. S'il étoit poſſible d'a-
voir une copie exacte des Inſcriptions inconnues
qu'on y voit, toutes nos difficultés feroient éclair-
cies ; celles qu'on nous a tranſmiſes, quoique très-
défectueuſes, préſentent aſſez de lettres Palmyrénienes pour juſtifier les détails où je me ſuis
engagé.

On ne ſauroit prévoir les avantages que l'Alphabet Palmyrénien procurera dans la ſuite. Comme une chaîne inſenſible unit tous les objets de
la Littérature, ne pourroit-il pas conduire un jour
à quelque découverte plus eſſentielle ? Mais, quand
même il feroit à jamais borné à l'éclairciſſement de
quelque Inſcription ou de quelque Médaille, au-
roit-il fallu le négliger ? Au milieu de ces téné-
bres répandues ſur l'ancienne Littérature Orientale, n'avons -nous pas un rayon de lumiere de
plus & un myſtere de moins ? C'eſt ſe tromper également que de mettre un trop grand prix, ou de
n'en pas mettre aſſez à des découvertes iſolées en
apparence. Ce grand tout hiſtorique, objet de nos
travaux, ne ſera jamais que le réſultat d'une infi-
nité de recherches & d'obſervations particulieres.
Le temple de la vérité s'éléve avec lenteur. Des
hommes infatigables y travaillent ſans ceſſe ; &
s'ils ſe croiſent quelquefois par des opérations con-
traires, c'eſt qu'ils ſont indépendans, & qu'ils n'ont
pas tous des lumieres égales. Les uns entraînés
par une imagination impétueuſe, conſtruiſent à

part des bâtimens irréguliers qui tombent prefqu'auſſi-tôt en ruines ; d'autres avec un petit mérite uſurpé & de grandes prétentions, remuent continuellement ces ruines , les tranſportent en différens endroits, ou les jettent au-devant des travailleurs attentifs à la perfection de l'ouvrage. Parmi ces derniers , les hommes de génie , ont des ſuccès proportionnés à leurs efforts ; les autres doivent s'eſtimer heureux, quand après bien des veilles , ils ont taillé une pierre pour l'édifice.

F I N.

A P P R O B A T I O N.

J'Ai lû par ordre de Monſeigneur le Chançelier , un Manuſcrit intitulé *Réflexions ſur l'Alphabet & ſur la Langue dont on ſe ſervoit autrefois à Palmyre* ; & je n'y ai rien trouvé qui n'en doive faire ſouhaiter l'impreſſion. A Paris, ce 18 Juillet 1754.

GIBERT.

Lettres Palmy-rénienes	Lettres Hebraïques	Leurs Noms	Leur Valeur
א	א	Aleph	A.E.I.O.Y
ע	ב	Beth	B
←	ג	Ghimel	Γ
? ?	ד	Daleth	Δ
א X	ה	He	E
2	ו	Vau	O.Y
I	ז	Zain	Z
⊔	ח	Heth	H
6	ט	Teth	T
, ∧	י	Jod	I
⊐ 3	כ	Caph	K
⅄ ᒶ	ל	Lamed	Λ
ᒧ	מ	Mem	M
⅃⅃⅃⅃ ᒪ	נ	Nun	N
⅄	ס	Samech	Σ
⅄ ⅄	ע	Aïn	A.E.I.O.Y
3	פ	Pe	Π.Φ
ᒫ	צ	Tzade	T Z
ᒫ	ק	Koph	K
? ?	ר	Resch	P
Ⅴ	ש	Sin ou Schin	Σ
↲	ת	Thau	Θ

Inscription Grecque.
N.º I.

CEПT..... OYOPШΔHN
TONKPATICTONEПITPO
ПUNCEBACTOYΔOYKH
NAPIONKAIAPГAПETHN.
IOYΛIOCAYPHΛIOC
CEПTIΛIOCIAΔHCIП
ПIKOCCEПTIΛIOYAΛE
ΞANΔPOY &c

Inscription Palmyrenienne Correspondante.
On a séparé les mots, pour en faciliter la lecture.
N.º II.

Inscription Grecque.
N.º III.

CEПTIΛIONOYOPШΔHN
TONKPATICTONEПITPO
ПONCEBACTOYΔOYKH
NAPIONKAIAPГAПETHN
IOYΛIOCAYPHΛIOCCAΛMHC
KACCIANOYTOY...ENAIOY
IППEYCPШMAIШNTONΦIΛON &c

Inscription Palmyrenienne Correspondante.
N.º IV.

P. L. Charpentier Scrip.

Lettres Palmyréniènes tirées de l'Inscription publiée par Gruter.

N.° I.

א	Aleph	ל	Lamed
ב	Beth	מ	Mem
ג	Ghimel	נ	Nun
ד	Daleth	ס	Samech
ה	He	ע	Ain
ו	Vau	פ	Pe
	Zain	צ	Tzade
ח	Heth		Koph
ט	Teth	ר	Resch
י	Jod	ש	Sin
כ	Caph	ת	Thau

Inscription Palmyreniene conservée à Rome et publiée par Gruter.

N.° II.

לעגלבול ומלכבל ובמיחא (וסמיחא) די כספא והצביתהן עבד מן כיסה ירחי בר ···· בר

ירחיבזל שסששערו על חיוהי וחיא בנוהי בירח שבט שנת ע כ נ ד ג (547)

Autre Inscription Palmyreniene conservée à Rome

N.° III.

עלתא זה (רה) לסלכבל ולאלתי תדסר

קרב טבריס כלוריס כלבסי

ותדמריא לאלהיהן שלם

www.ingramcontent.com/pod-product-compliance
Lightning Source LLC
LaVergne TN
LVHW021644170726
843501LV00007B/2412